Du bist nicht allein

Das kleine Buch der tröstenden Worte

mvgverlag

Dieses Buch ist von
mir für dich.

Denn auch wenn es
sich für dich gerade
so anfühlen mag:

Du bist nicht allein.

Was man im Herzen
trägt, kann man
nicht verlieren.

Es ist okay,
wenn *das Einzige,*
was du heute getan hast,

atmen ist.

Wenn du einen
Menschen verlierst,
spielt der *Zeitpunkt*
keine Rolle –

es ist immer zu früh.

Die stärksten Menschen gewinnen Kämpfe, von denen niemand etwas weiß.

»Ich kann nicht lange bleiben«, flüsterte der Glücksmoment.

»Aber ich lasse dir die *Erinnerung* zurück.«

Auch schlimme Tage
haben nur 24 Stunden.

… und irgendwann legt sich jemand zu dir *auf den Boden* und sagt:

»Was für eine beschissene Aussicht. Lass uns wieder aufstehen!«

Du kannst nichts machen.
Außer weiter.

Wenn deine Welt zusammenbricht,
ist in *meiner* immer ein Platz
für dich frei.

Du lässt nur die Hand los,
nicht den *Menschen*.

Ich bin vielleicht nicht immer bei dir - aber ich bin *immer für dich* da.

Vermissen kommt in Wellen –
wo du heute ertrinkst,
wirst du morgen
vielleicht *schwimmen.*

»Wenn du zurückblickst
auf die Momente, die
wir hatten, hoffe ich,
du *lächelst* dabei.«

Sei du selbst die Dinge,
die du am meisten an den
Menschen *vermisst*, die
du verloren hast.

… und dann passiert etwas,
und du schaust *lächelnd* zum
Himmel und denkst:
»Das warst du.«

All die Dinge, die
du noch *sagen wolltest* –

»Mach's gut«
gehörte nicht dazu.

Bitte *kümmere* dich
jetzt um dich.

Der Rest der Welt wird
auf dich warten.

Der Song ist vorbei,
die *Melodie* hält an.

Hör mal bitte kurz auf,
stark zu sein –
das machen wir dann
morgen wieder.

»Wie *glücklich* ich bin, etwas zu haben, das den Abschied so schwer macht.«

– Winnie Puuh

An einem gewissen Punkt
solltest du *das Leben*,
von dem du gedacht hast,
du würdest es leben,
loslassen und das Leben
leben, in dem du dich
wirklich befindest.

Wenn es um uns herum am dunkelsten ist,
können wir die Sterne sehen.

Du musst *deine Trauer* nicht in einer Woche überwunden haben, auch nicht in einem Jahr.

Nimm dir alle Zeit der Welt – es ist *deine Reise*.

Menschen weinen nicht,
weil sie schwach sind,
sondern weil sie
zu lange *stark sein*
mussten.

Ich werde dich
nicht fragen,
ob es dir gut geht,
weil ich nicht möchte,
dass du *lügen* musst.

Einatmen.
Ausatmen.

Gut – und
jetzt noch mal.

Diese Dunkelheit ist keine Sackgasse, sie ist nur ein Tunnel. Hör nicht auf weiterzugehen.

Hier ist eine
Liste von Dingen,
die *wichtiger* sind,
als dich um dich
selbst zu *kümmern:*

Wenn ein Mensch stirbt,
dann ist das so, als
verschwände ein Schiff
hinter dem Horizont.

Es ist immer noch da, wir
sehen es nur nicht mehr.

... und ich sehe dich noch *lachend* vor mir.

Bibliografische Information der Deutschen Nationalbibliothek:
Die Deutsche Nationalbibliothek verzeichnet diese Publikation in der
Deutschen Nationalbibliografie; detaillierte bibliografische Daten sind
im Internet über https://dnb.de abrufbar.

Für Fragen und Anregungen
info@m-vg.de

Originalausgabe
4. Auflage 2025
© 2020 by mvg Verlag, ein Imprint der Münchner Verlagsgruppe GmbH
Türkenstraße 89
80799 München
Tel.: 089 651285-0

Umschlaggestaltung und Satz: Sonja Vallant, München
Umschlagabbildung: shutterstock/Tamara Kulikova
Abbildungen: Innenteil shutterstock/ldambies, dompr, macknimal, Ramona Heim,
Roobcio, Kostenko Maxim, Chantal de Bruijne, fotohunter, Paladin12, Boyloso,
Galyna Andrushko, ver0nicka, Dark Moon Pictures, tomertu, ilolab, Jacob_09,
izuboky, Seeme, Ray Hennessy, supanee sukanakintr, SeaMan_Stocker, Radu Bercan,
Sasanka7, N.Pipat, somsak nitimongkolchai, noicherrybeans, Bokeh Blur Background,
Victoria Kondysenko, TierneyMJ, Thawatchai Kt, vidiawan, Marina Keremkhanova,
Maria Yastrebova, juree Chai
Druck: Livonia Print, Riga
Printed in Latvia

ISBN Print: 978-3-7474-0170-5
ISBN E-Book: 978-3-96121-539-3

Weitere Informationen zum Verlag finden Sie unter
www.mvg-verlag.de
Beachten Sie auch unsere weiteren Verlage unter www.m-vg.de

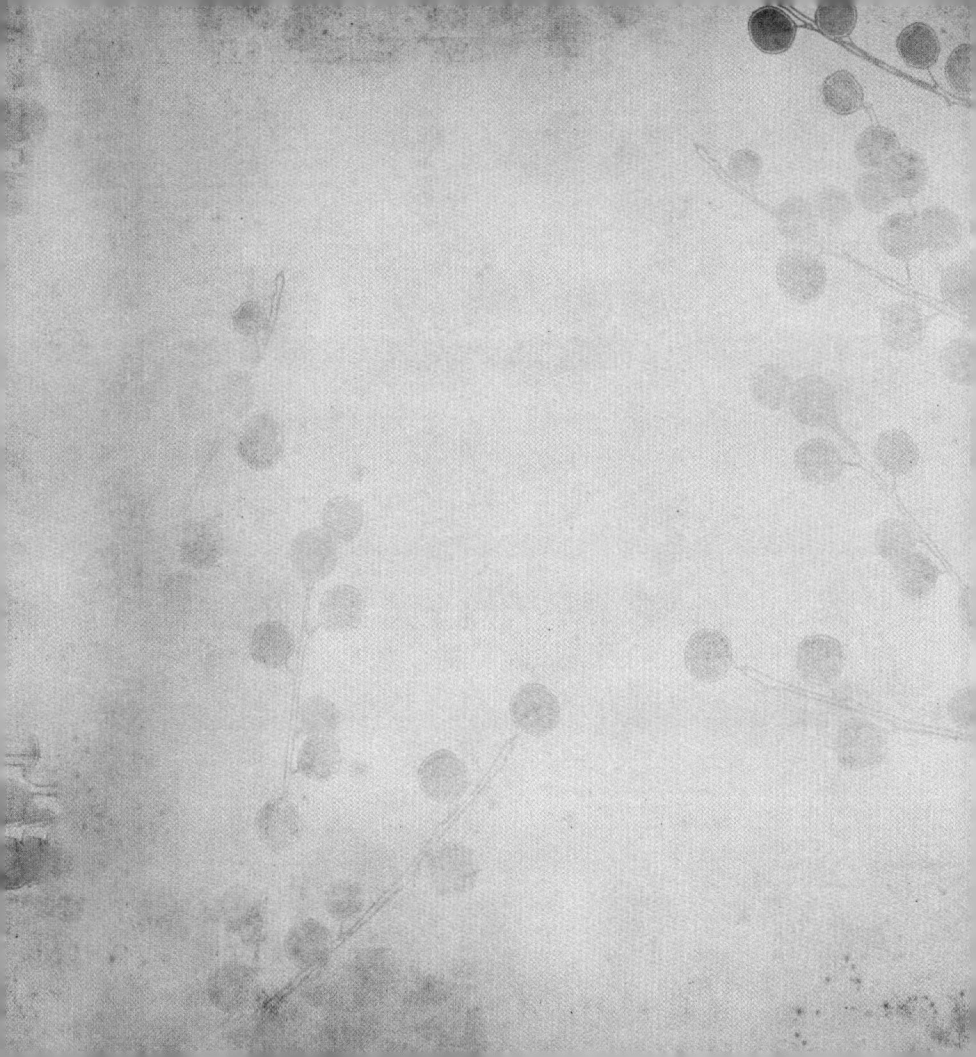